[handwritten dedication]
Firenze 8. 9. 2005

Lektorat Brigitte Hanhart Sidjanski

© 1999 Nord-Süd Verlag AG, Gossau Zürich, Hamburg und Salzburg
Alle Rechte, auch die der Bearbeitung oder auszugsweisen Vervielfältigung,
gleich durch welche Medien, vorbehalten
Lithographie: Photolitho AG, Gossau Zürich
Gesetzt in der Janson Text, 28 Punkt
Druck: Proost N.V., Turnhout
ISBN 3 314 00972 0

Die Deutsche Bibliothek – CIP-Einheitsaufnahme

Stille Nacht, heilige Nacht / ill. von Maja Dusíková. –
Gossau, Zürich ; Hamburg ; Salzburg : Nord-Süd-Verl., 1999
(Ein Nord-Süd-Bilderbuch)   ISBN 3-314-00972-0

1 2 3 4 5   03 02 01 00 99

Stille Nacht, heilige Nacht

Illustriert von Maja Dusíková

Nord-Süd Verlag

Endlich war der Weihnachtstag da. Am Morgen begann es zu schneien.
Es schneite immer weiter, der Schnee hüllte die Häuser, die Bäume,
alles in seinen weißen Mantel. Und dem Kirchturm setzte er eine warme
Kappe auf.

Alles war bereit für die Mitternachtsmesse. Am großen Weihnachtsbaum
schimmerten weiß die vielen Kerzen. In der Krippe daneben standen,
knieten und lagen die Figuren voller Andacht und Freude.

Ein kleines Weselchen aber gab es in der Kirche, das war gar nicht zufrieden:
ein armes, hungriges Mäuschen. Nicht eine einzige Brotkrume hatte es
gefunden in der blitzblank geputzten Kirche und in seiner Verzweiflung
begann es den Blasebalg der alten Orgel anzuknabbern.

Als der Organist sich auf die Orgelbank setzte um sich und sein Instrument
auf den Abend einzustimmen, erklang kein einziger Ton.

Wie sollen wir heute Abend die Messe feiern, ohne Musik, ohne Gesang?,
fragte er sich besorgt.

Er ging zum Pfarrer und klagte ihm sein Leid. Der Pfarrer überlegte eine
Weile und schrieb dann ein kleines Weihnachtsgedicht. Ob der Organist
nicht eine Melodie dazu machen könne? Der Organist kritzelte eine
einfache Weise aufs Papier. Die beiden übten zusammen, der Pfarrer
begleitete auf seiner Gitarre.

Und so sangen sie am Schluss der Mitternachtsmesse miteinander
das neue Lied. Die Gläubigen hörten voller Ergriffenheit zu. Sie spürten,
dass dies ein ganz besonderes Weihnachtsgeschenk war; vielleicht
ahnten sie, dass dieses Lied schon bald die ganze Welt erobern würde –
»Stille Nacht, heilige Nacht« war geboren.
Und wer weiß, vielleicht hörte sogar das kleine Mäuschen mit hungrigem
Magen und klopfendem Herzen zu…

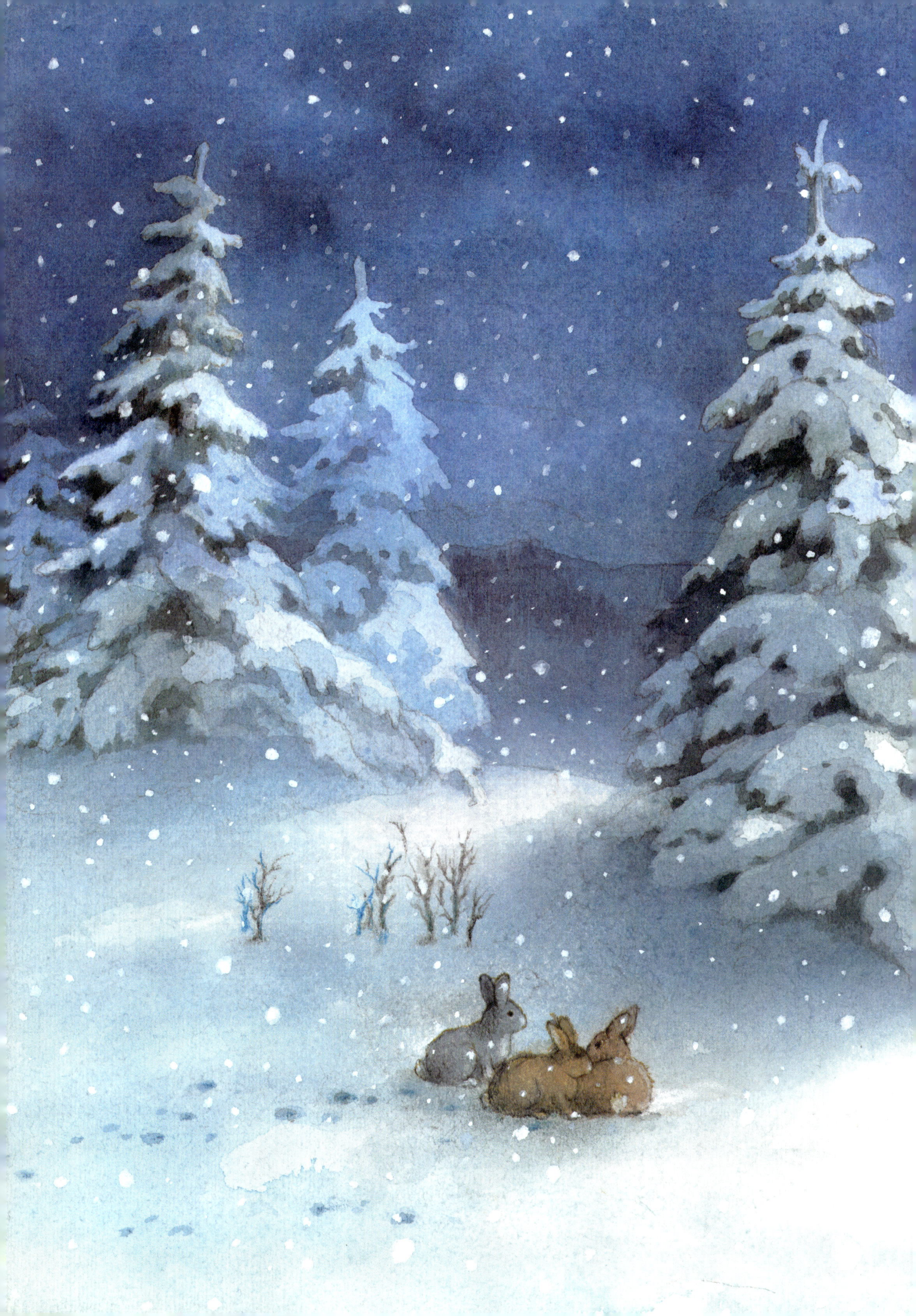

Stille Nacht,
 heilige Nacht!

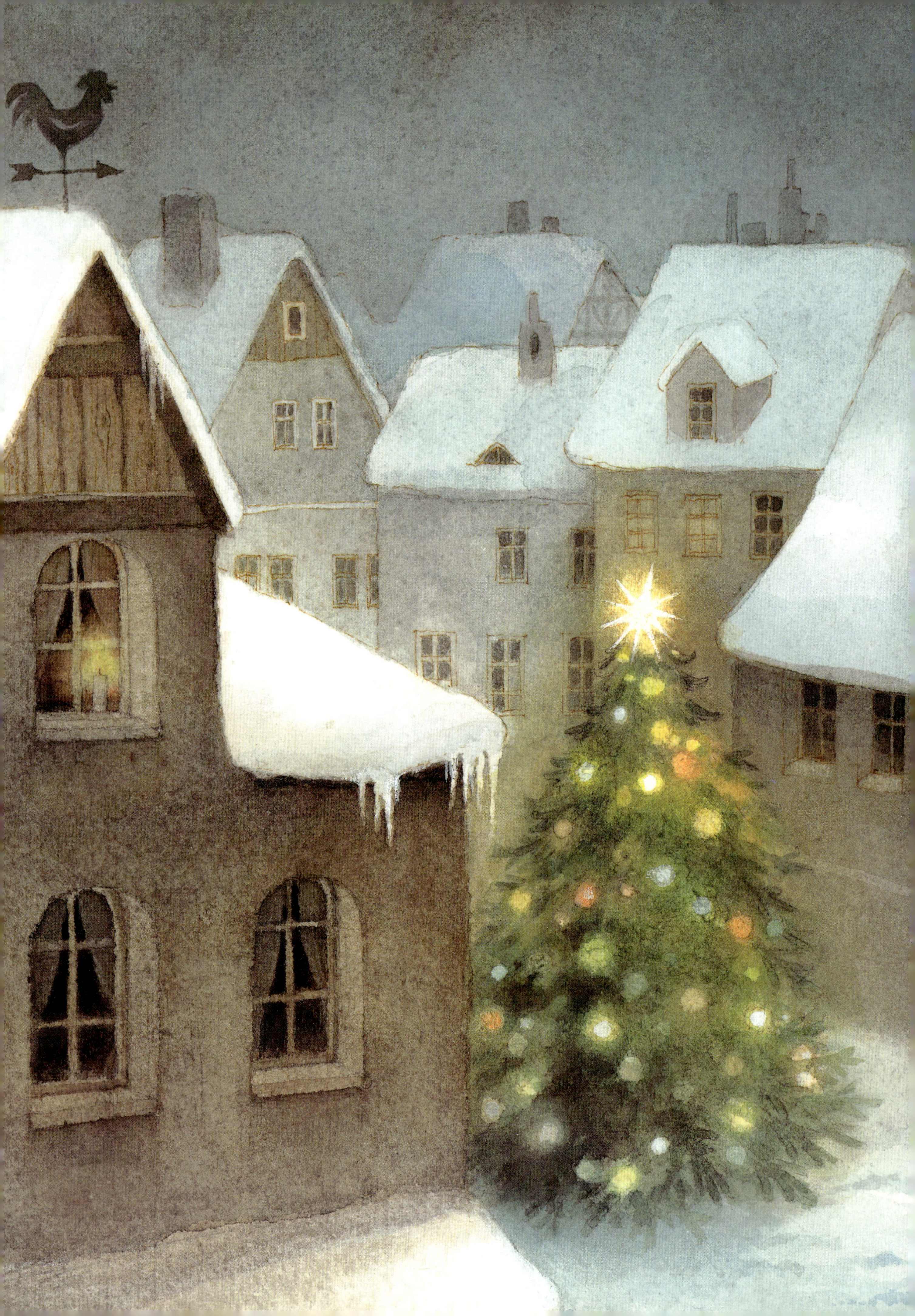

Alles schläft,

einsam wacht nur
das traute hochheilige Paar,

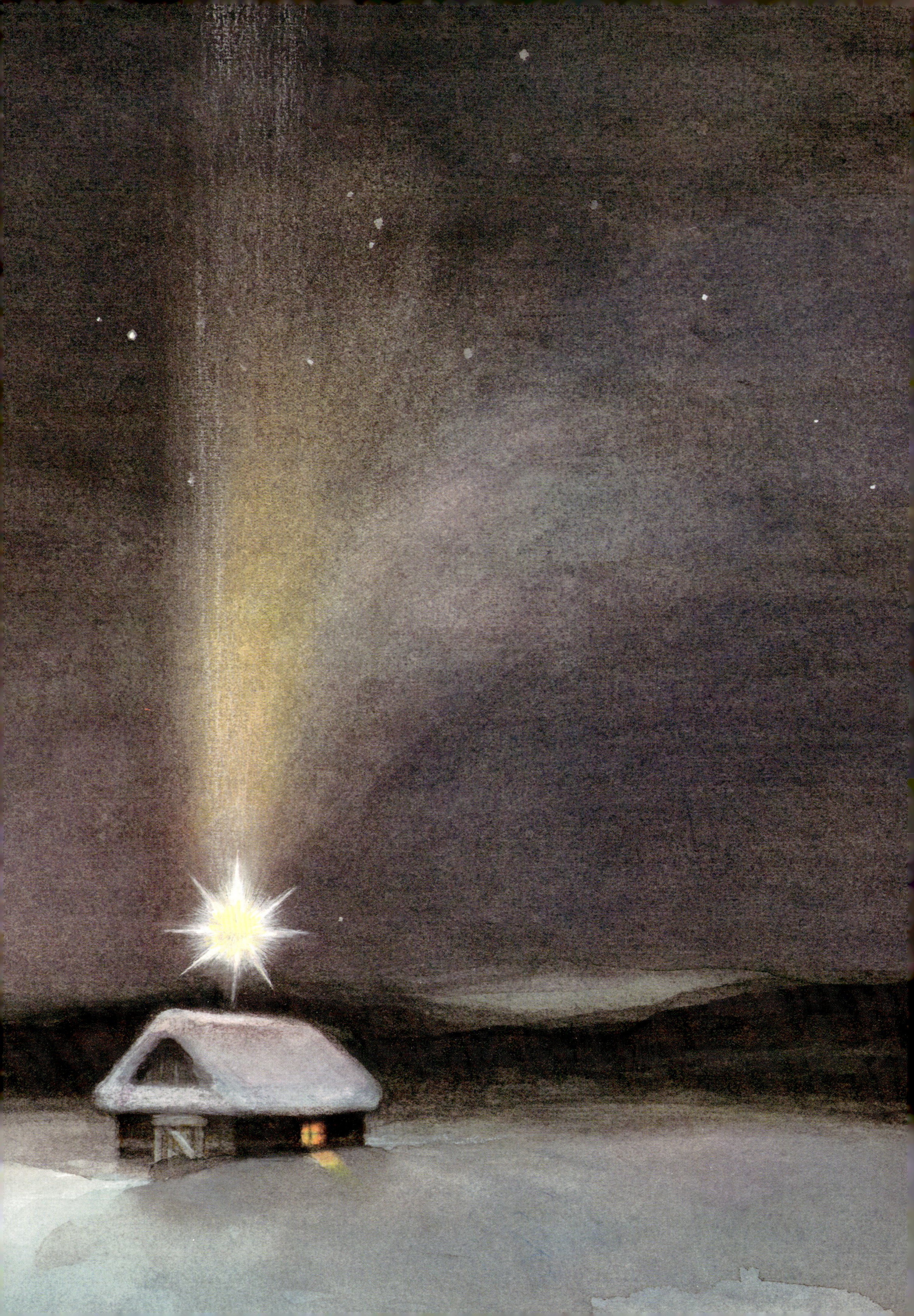

holder Knabe
im lockigen Haar,
schlaf
in himmlischer Ruh!

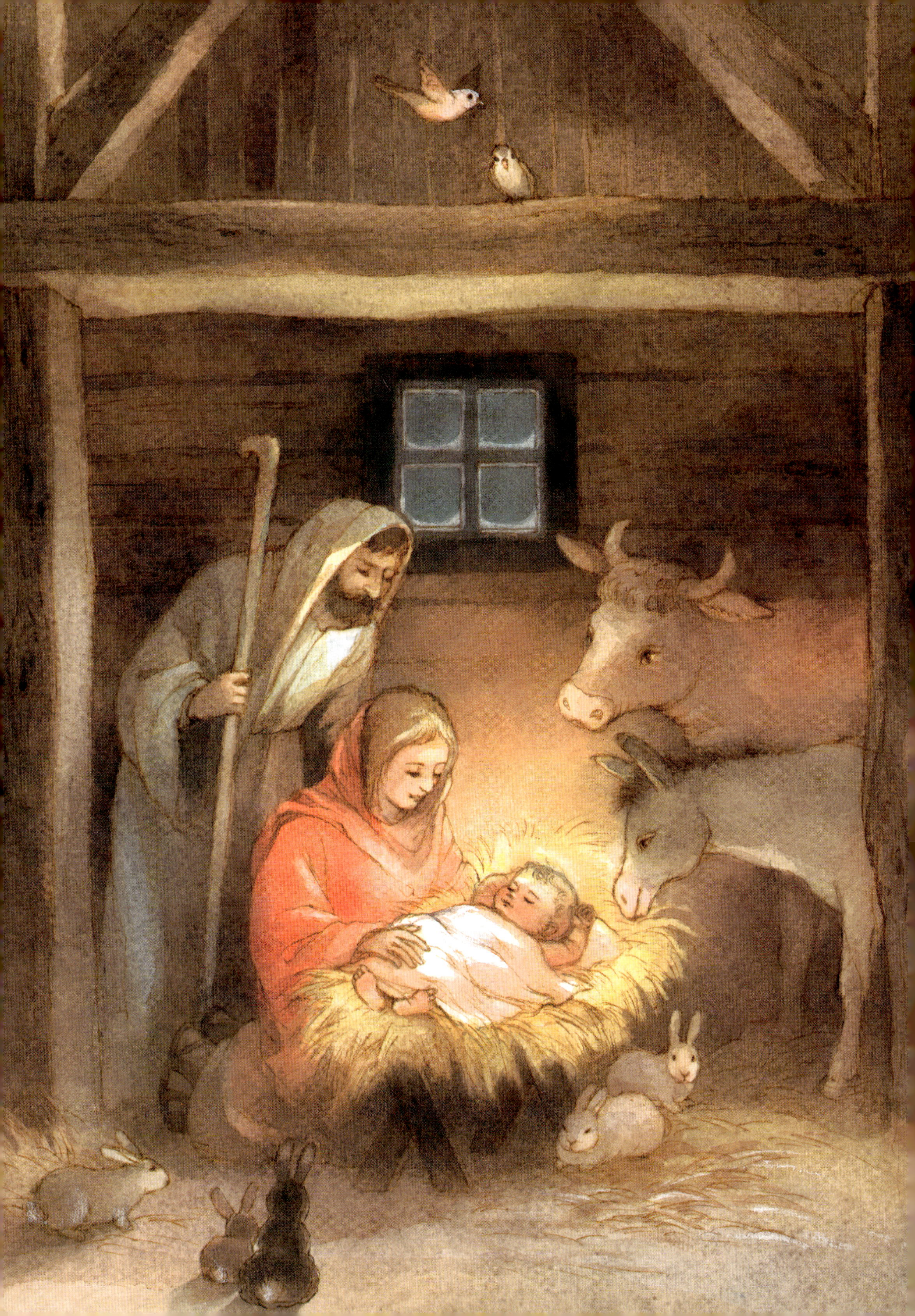

Stille Nacht,
   heilige Nacht!

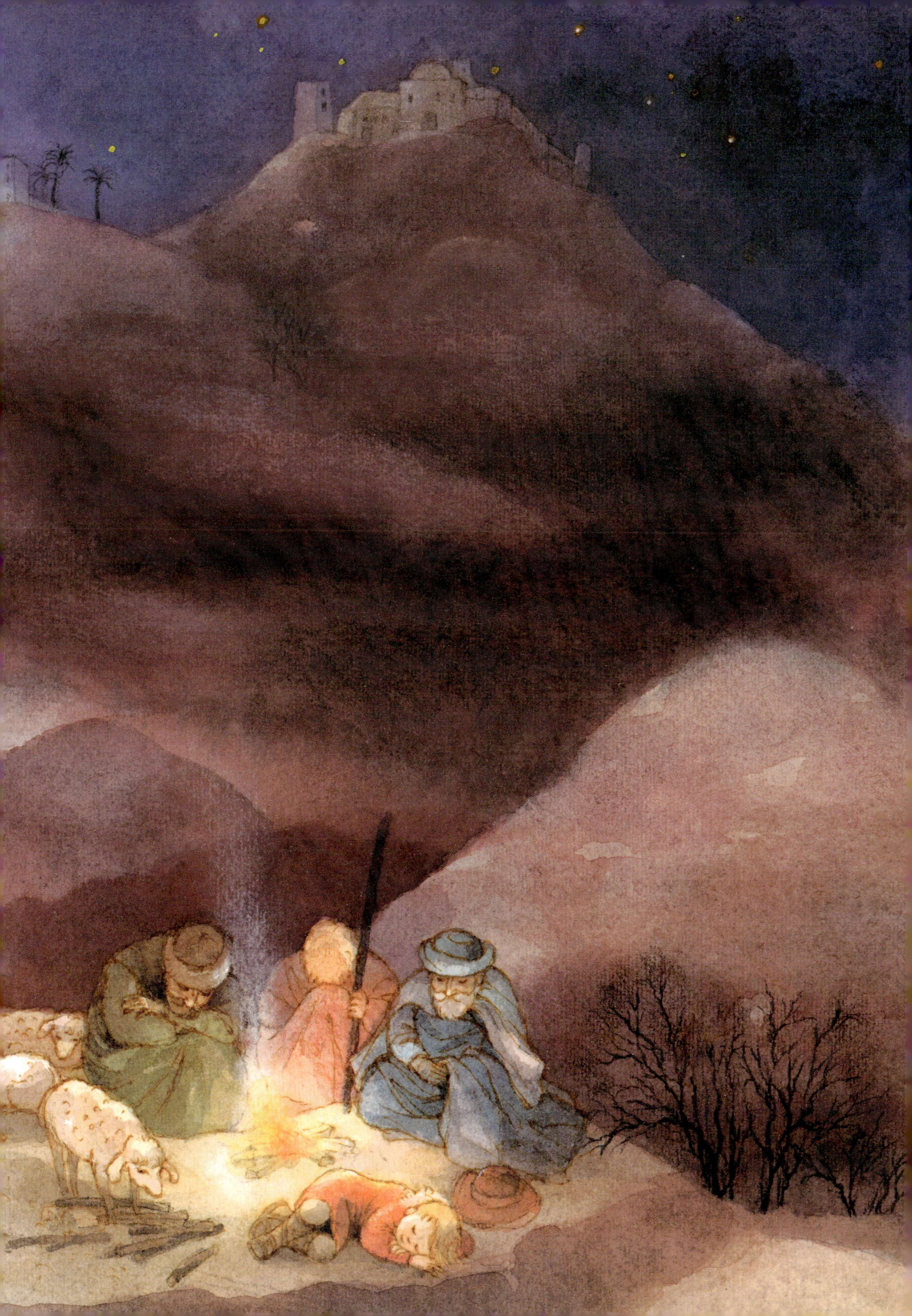

Hirten zuerst
kundgemacht
durch der Engel
Halleluja

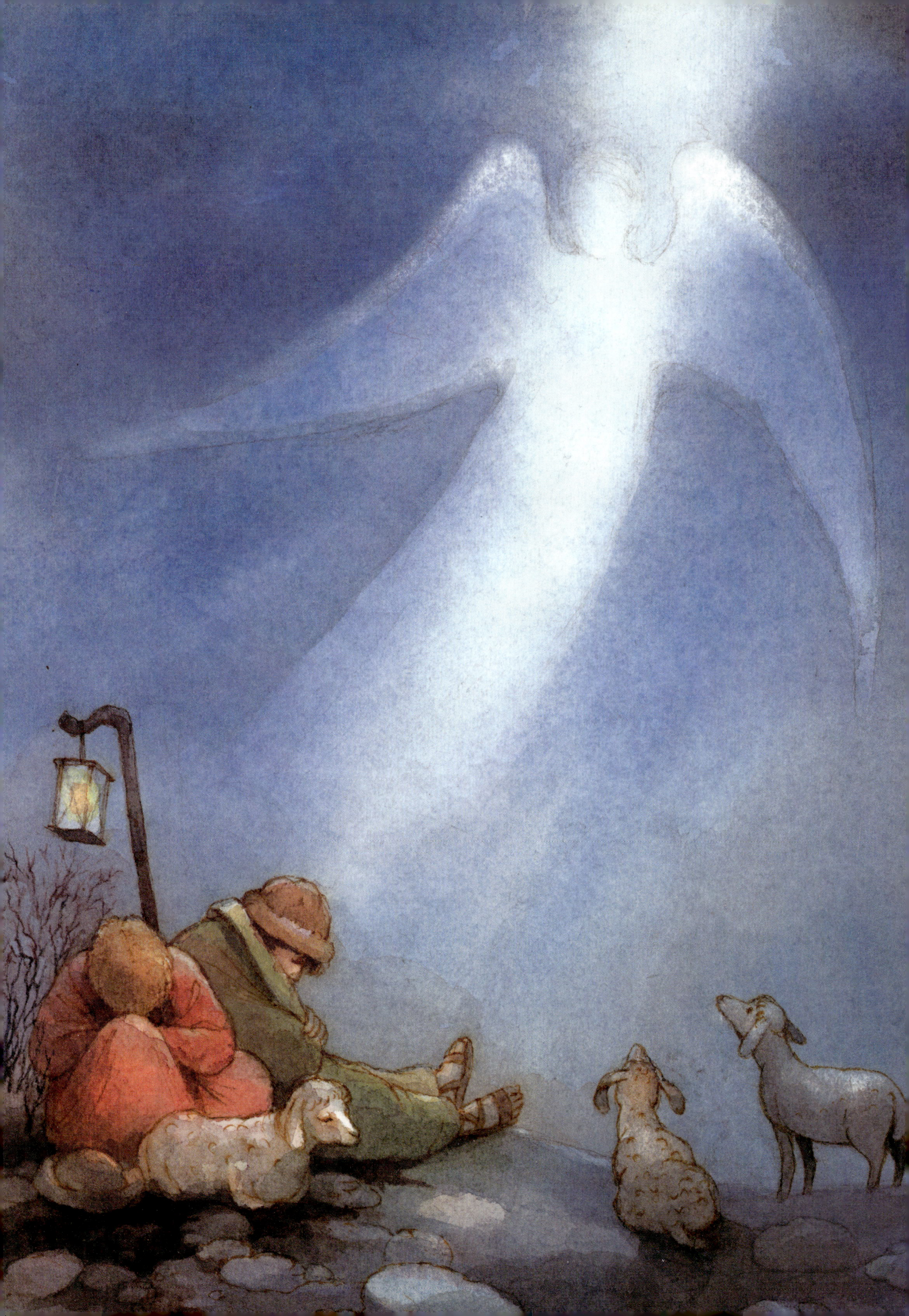

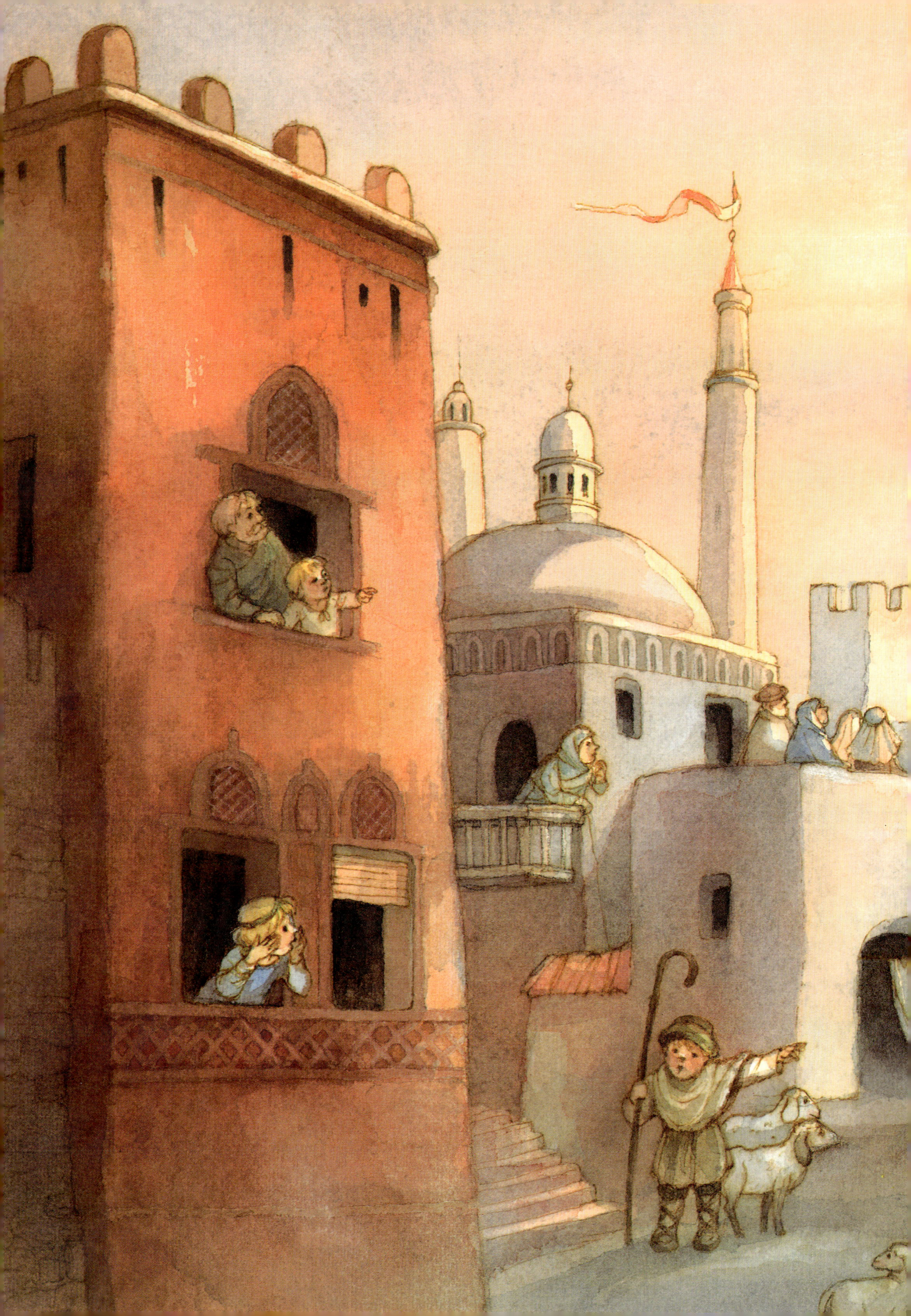

tönt es laut
von fern und nah:
Christ,
der Retter, ist da!

Stille Nacht,
 heilige Nacht!

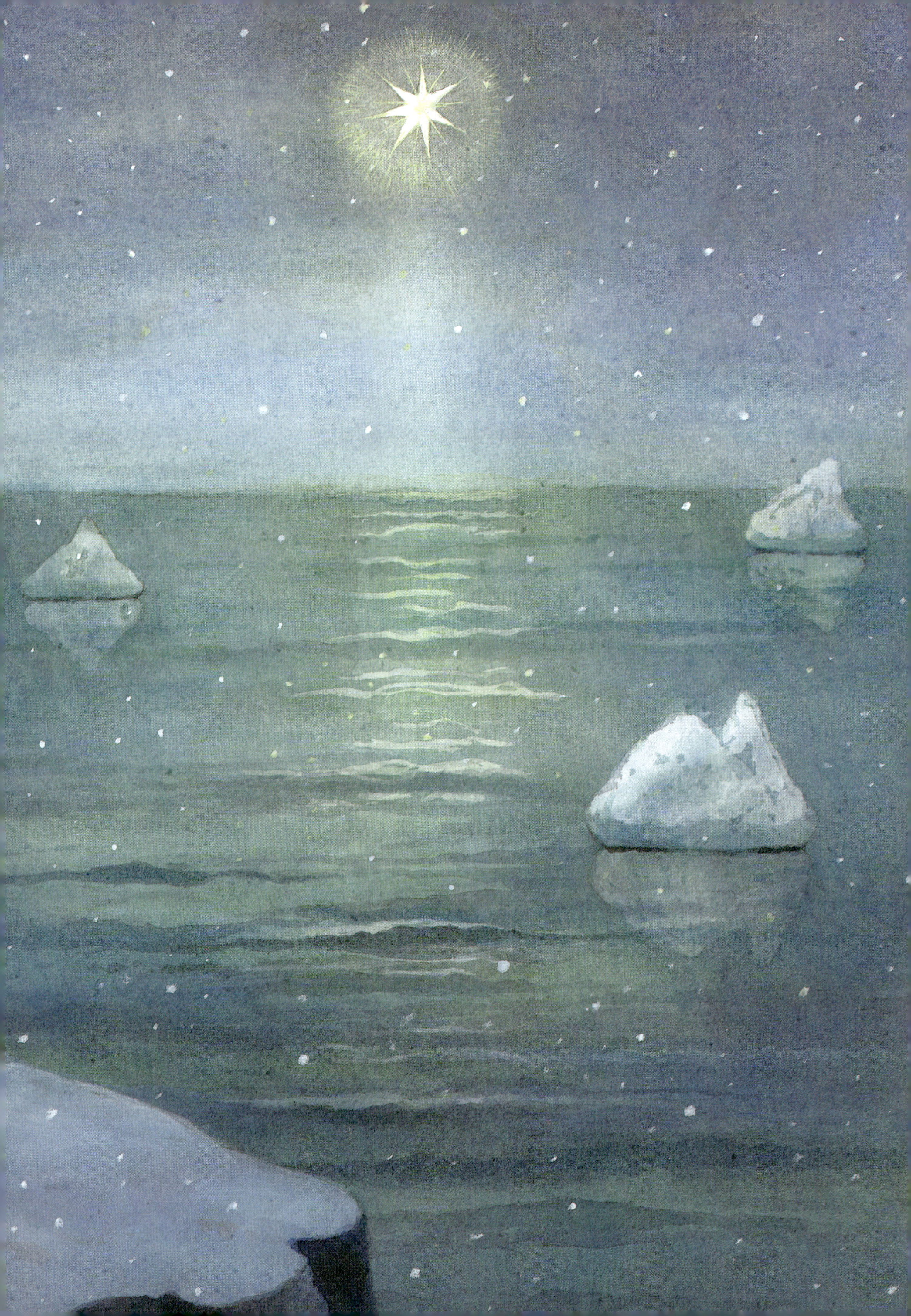

Gottes Sohn,
o wie lacht Liebe
aus deinem
göttlichen Mund,

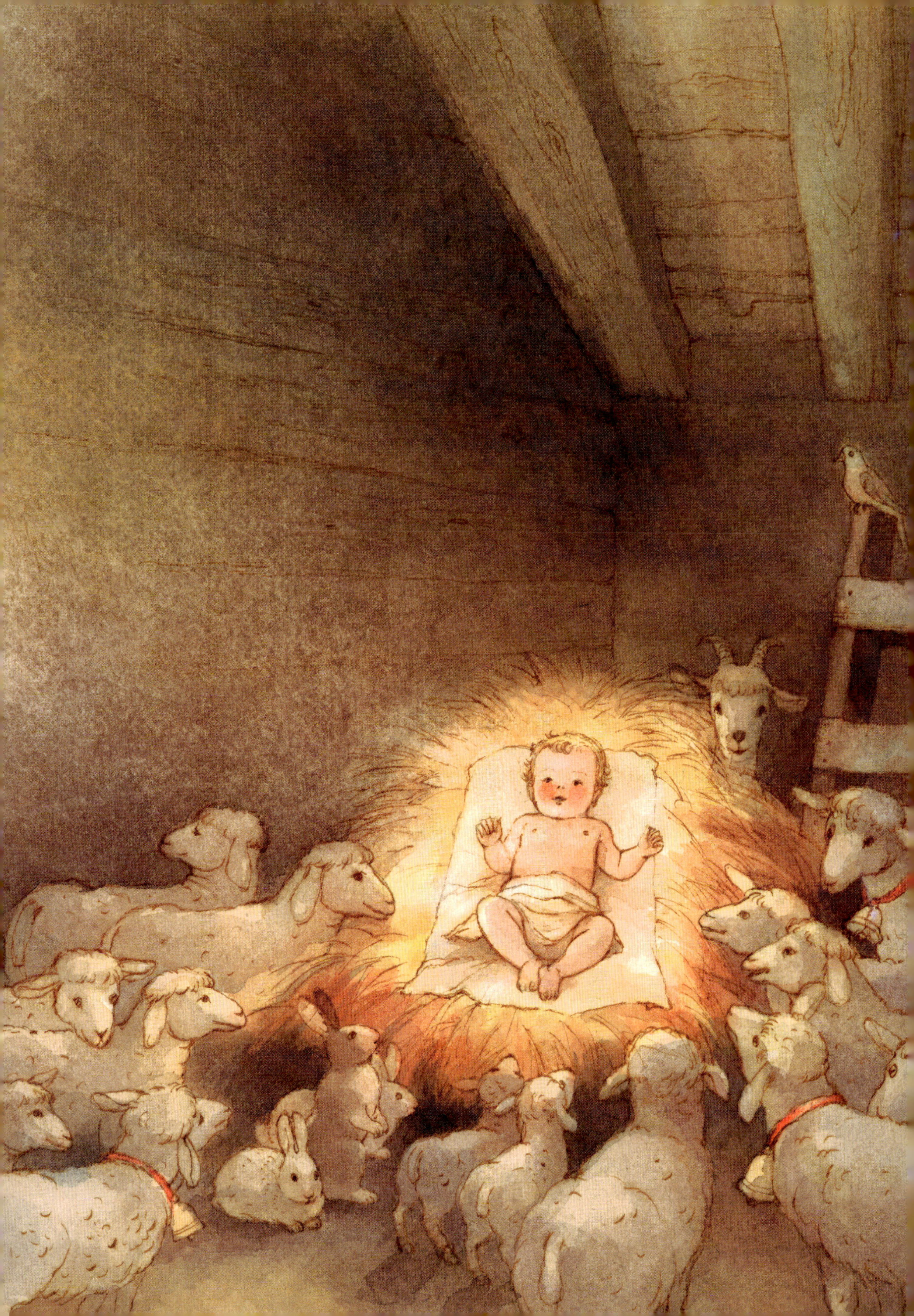

da uns schlägt die rettende Stunde:
Christ, in deiner Geburt!

Stille Nacht, heilige Nacht

1. Stil - le Nacht, hei - li - ge Nacht! Al - les schläft, ein - sam wacht
2. Stil - le Nacht, hei - li - ge Nacht! Hir - ten erst kund ge - macht
3. Stil - le Nacht, hei - li - ge Nacht! Got - tes Sohn, o wie lacht

1. nur das trau - te hoch - hei - li - ge Paar, hol - der Kna - be im lo - cki - gen Haar,
2. durch der En - gel Hal - le - lu - ja tönt es laut von fern und nah:
3. Lieb' aus dei - nem gött - li-chen Mund, da uns schlägt die ret - ten - de Stund':

1. schlaf in himm - li - scher Ruh, schlaf in himm - li - scher Ruh!
2. Christ, der Ret - ter, ist da, Christ, der Ret - ter, ist da.
3. Christ, in dei - ner Ge - burt, Christ, in dei - ner Ge - burt!

Worte: Joseph Mohr (1818); Weise: Franz Gruber (1818)

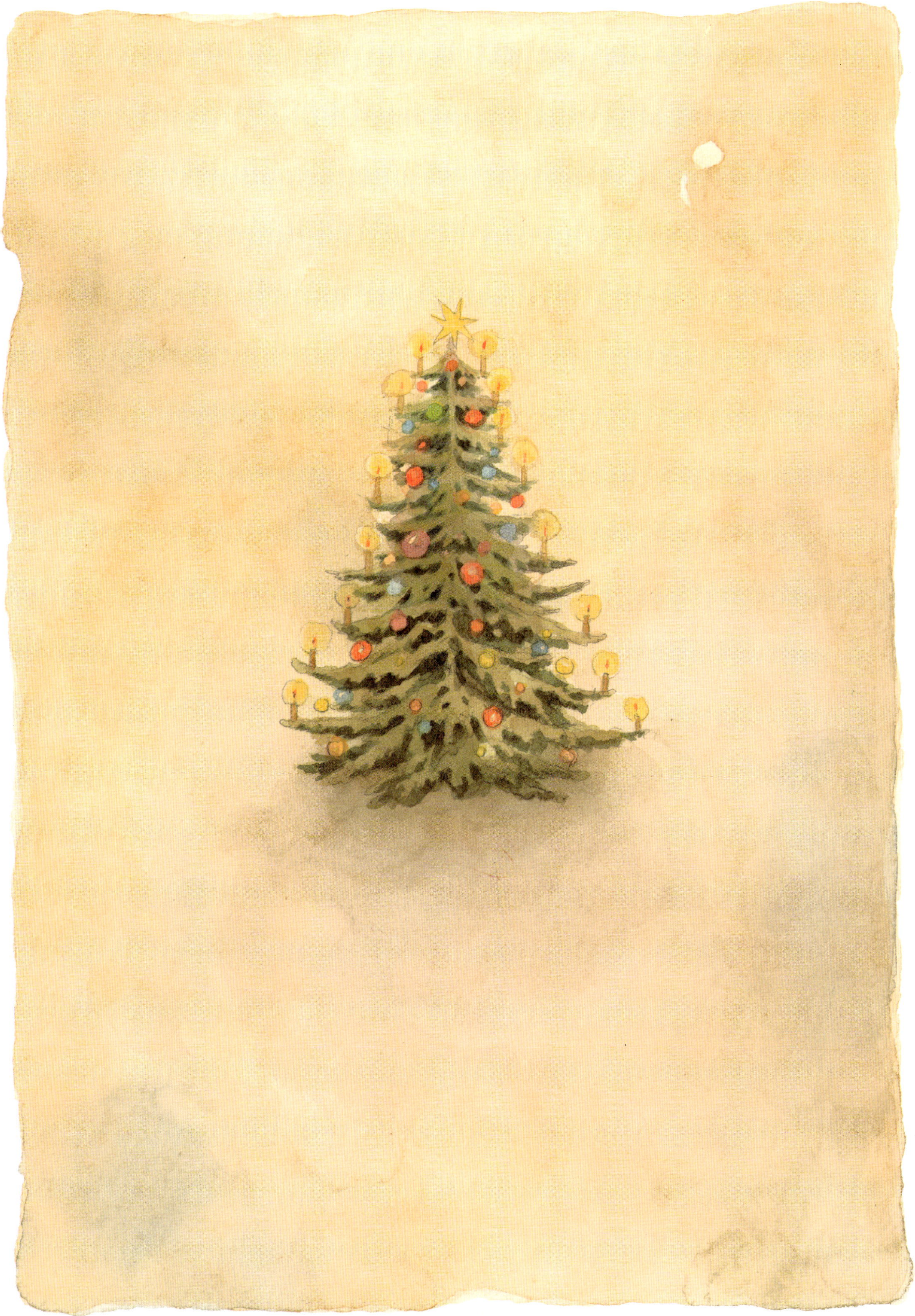